Sommergedichte

Ausgewählt von
Evelyne Polt-Heinzl und
Christine Schmidjell

Reclam

RECLAMS-UNIVERSAL-BIBLIOTHEK Nr. 14437
2001, 2023 Philipp Reclam jun. Verlag GmbH,
Siemensstraße 32, 71254 Ditzingen
Umschlaggestaltung: Philipp Reclam jun. Verlag GmbH
Druck und Bindung: EsserDruck Solutions GmbH,
Untere Sonnenstraße 5, 84030 Ergolding
Printed in Germany 2023

ISBN 978-3-15-014437-4
www.reclam.de

Inhalt

Sommerhitze

Sommernächte

Sommersneige

es – immer wieder gelingt es

frühling
immer wieder gelingt es
immer wieder dringt es
immer wieder treibt es
immer wieder lockt es
immer wieder berührt es
immer wieder verführt es
immer wieder schreibt es

sommer
immer wieder stockt es
immer wieder schaut es
immer wieder traut es
immer wieder greift es
immer wieder füllt es

herbst
immer wieder reift es
immer wieder hüllt es
immer wieder reicht es

winter
immer wieder gleicht es

frühling
immer wieder gelingt es

Sommerleben

Kindersommer

Erträumter einsamer blauer Engel
in meinem Herzen läutet ein heller Regen
in meinen Händen blühen die Glockenblumen
Salbeiblüten wehen mich an
die Perlenkette der Tränen gleitet
an den liegenden Schläfen nieder
immer ist Nachmittag
immer bin ich über einer Brücke von Staub
mein Birnbaum wirft Scherben ab
leise flötet der Schatten
mein Fusz ist warm und nackt an der Erde
drüben im dunklen Bereich der Schaukel
geigt die Angst
die Stuben sind dumpf und vertraut
über den feuchten Schwellen
blühen Schwertlilien auf
Abend lila und leicht
Abend durch vergessene Fenster
Abend
ich musz mein heiszes hüstelndes Kranksein
in hohen Kissen verbergen
Nacht
ich lasse Akazienblätter treiben

16 ich liebe den Wind
die rauschenden runden Weiden führen
irgendwohin
eine Mohnblume wartet auf mich

Kinderlied von den grünen Sommervögeln

Es kamen grüne Vögelein
Geflogen her vom Himmel,
Und setzten sich im Sonnenschein
In fröhlichem Gewimmel
All an des Baumes Äste,
Und saßen da so feste
Als ob sie angewachsen sein.

Sie schaukelten in Lüften lau
Auf ihren schwanken Zweigen,
Sie aßen Licht und tranken Tau,
Und wollten auch nicht schweigen,
Sie sangen leise, leise
Auf ihre stille Weise
Von Sonnenschein und Himmelblau.

Wenn Wetternacht auf Wolken saß,
So schwirrten sie erschrocken;
Sie wurden von dem Regen naß,
Und wurden wieder trocken;
Die Tropfen rannen nieder
Vom grünenden Gefieder,
Und desto grüner wurde das.

Da kam am Tag der scharfe Strahl,
Ihr grünes Kleid zu sengen
Und nächtlich kam der Frost einmal,
Mit Reif es zu besprengen.
Die armen Vöglein froren,
Ihr Frohsinn war verloren,
Ihr grünes Kleid ward bunt und fahl.

Da trat ein starker Mann zum Baum,
Hub stark ihn an zu schütteln,
Vom obern bis zum untern Raum
Mit Schauer zu durchrütteln;
Die bunten Vöglein girrten,
Und ihrem Baum entschwirrten;
Wohin sie kamen, weiß man kaum.

ANONYM

Das Sommertagslied

Tra, ri, ro,
Der Sommer, der ist do!
Wir wollen naus in Garten,
Und wollen des Sommers warten,
Jo, jo, jo,
Der Sommer, der ist do.

Tra, ri, ro,
Der Sommer, der ist do!
Wir wollen hinter die Hecken,
Und wollen den Sommer wecken,
Jo, jo, jo,
Der Sommer, der ist do!

Tra, ri, ro,
Der Sommer, der ist do!
Der Sommer, der Sommer!
Der Winter hat's verloren,
Jo, jo, jo,
Der Sommer, der ist do.

Tra, ri, u.s.w.
Zum Biere, zum Biere,
Der Winter liegt gefangen,
Den schlagen wir mit Stangen,
Jo, u.s.w.

Tra, ri, u.s.w.
Zum Weine, zum Weine,
In meiner Mutter Keller,
Liegt guter Muskateller,
Jo, u.s.w.

Tra, ri, u.s.w.
Wir wünschen dem Herrn
Ein goldnen Tisch,
Auf jeder Eck ein gebacknen Fisch,
Und mitten hinein
Drei Kannen voll Wein,
Daß er dabei kann fröhlich sein.
Jo, jo, jo,
Der Sommer, der ist do.

AUGUST HEINRICH HOFFMANN
VON FALLERSLEBEN

Wie freu' ich mich der Sommerwonne!

27. Januar 1872.

Wie freu' ich mich der Sommerwonne,
Des frischen Grüns in Feld und Wald,
Wenn's lebt und webt im Glanz der Sonne
Und wenn's von allen Zweigen schallt!

Ich möchte jedes Blümchen fragen:
Hast du nicht einen Gruß für mich?
Ich möchte jedem Vogel sagen:
Sing, Vöglein, sing und freue dich!

Die Welt ist mein, ich fühl' es wieder:
Wer wollte sich nicht ihrer freu'n,
Wenn er durch frohe Frühlingslieder
Sich seine Jugend kann erneu'n?

Kein Sehnen zieht mich in die Ferne,
Kein Hoffen lohnet mich mit Schmerz:
Da wo ich bin, da bin ich gerne,
Denn meine Heimat ist mein Herz.

ich hör den tosbach rauschen,
die tollkirsch reift am hang,
als alphirt will ich lauschen
der wilden vögel sang.

den stock fest in der rechten
zwing ich den steilen steg,
an wurzeln, farnen, flechten
führt mich hinan mein weg.

der wald wird immer lichter,
willkommen alpenhorn,
du morgenroter dichter,
du rohr von schrot und korn!

der senn sitzt vor der hütte
bei käse und tabak,
schöpft milch aus einer bütte,
sein jöpplein glänzt wie lack.

grüß gott, du wackrer vater,
was treibt die herde dein?
sie spielt naturtheater
wohl auf den matten mein.

ein specht erforschet mahlzeit,
indem er kräftig klopft,
man hört, wie gar nicht unweit
das harz aus arven tropft.

die luft ist frisch und lockend,
der senn steht langsam auf,
und, seinen bart abtrocknend,
spricht er: oh welten lauf!

die sonn gleißt durch die äste,
es ist ein stiller tag,
nur rinder muhn aufs beste
und schafe blöken zag.

wär ich ein herr der almen,
ich zöge nimmer fort
nach dort, wo ruß und qualmen
vernebelt jeden ort.

Die Sonne

Zwischen meinen Augenlidern fährt ein
Kinderwagen.
Zwischen meinen Augenlidern geht ein Mann mit
einem Pudel.
Eine Baumgruppe wird zum Schlangenbündel und
zischt in den Himmel.
Ein Stein hält eine Rede. Bäume in Grünbrand.
Fliehende Inseln.
Schwanken und Muschelgeklingel und Fischkopf
wie auf dem Meeresboden.
Meine Beine strecken sich aus bis zum Horizont.
Eine Hofkutsche knackt
drüber weg. Meine Stiefel ragen am Horizont empor
wie die Türme einer
versinkenden Stadt. Ich bin der Riese Goliath. Ich
verdaue Ziegenkäse.
Ich bin ein Mammutkälbchen. Grüne Grasigel
schnüffeln an mir.
Gras spannt grüne Säbel und Brücken und
Regenbögen über meinen Bauch.

Meine Ohren sind rosa Riesenmuscheln, ganz offen.
Mein Körper schwillt an
von Geräuschen, die sich gefangen haben darin.
Ich höre das Meckern

des großen Pan. Ich höre die zinnoberrote Musik
der Sonne. Sie steht
links oben. Zinnoberrot sprühen die Fetzen hinaus
in die Weltnacht.
Wenn sie herunterfällt, zerquetscht sie die Stadt
und die Kirchtürme
und alle Vorgärten voll Krokus und Hyazinthen,
und wird einen Schall geben
wie Blech von Kindertrompeten.

Aber es ist in der Luft ein Gegeneinanderwehen
von Purpur und Eigelb
und Flaschengrün: Schaukeln, die eine orangene
Faust festhält an langen Fäden,
und ist ein Singen von Vogelhälsen, die über die
Zweige hüpfen.
Ein sehr zartes Gestänge von Kinderfahnen.

Morgen wird man die Sonne auf einen großrädrigen
Wagen laden
und in die Kunsthandlung Caspari fahren.
Ein viehköpfiger Neger
mit wulstigem Nacken, Blähnase und breitem
Schritt wird fünfzig weiß-
juckende Esel halten, die vor den Wagen gespannt
sind beim Pyramidenbau.

Eine Menge blutbunten Volks wird sich stauen:
Kindsbetterinnen und Ammen,
Kranke im Fahrstuhl, ein stelzender Kranich,
zwei Veitstänzerinnen,
ein Herr mit einer Ripsschleifenkrawatte und
ein rotduftender Schutzmann.

Ich kann mich nicht halten: Ich bin voller Seligkeit.
Die Fensterkreuze
zerplatzen. Ein Kinderfräulein hängt bis zum
Nabel aus einem Fenster heraus.
Ich kann mir nicht helfen: Die Dome zerplatzen mit
Orgelfugen. Ich will
eine neue Sonne schaffen. Ich will zwei
gegeneinanderschlagen
wie Zymbeln, und meiner Dame die Hand hinreichen.
Wir werden entschweben
in einer violetten Sänfte über die Dächer euerer
hellgelben Stadt wie Lampenschirme aus Seidenpapier
im Zugwind.

Sommerfrische

Zupf dir ein Wölkchen aus dem Wolkenweiß,
Das durch den sonnigen Himmel schreitet.
Und schmücke den Hut, der dich begleitet,
Mit einem grünen Reis.

Verstecke dich faul in die Fülle der Gräser.
Weil's wohltut, weil's frommt.
Und bist du ein Mundharmonikabläser
Und hast eine bei dir, dann spiel, was dir kommt.

Und laß deine Melodien lenken
Von dem freigegebenen Wolkengezupf.
Vergiß dich. Es soll dein Denken
Nicht weiter reichen als ein Grashüpferhupf.

Der Mann in der Stadt sagt

Ich möchte ein Haus, wo den Sommer zu haben
Ich nur vor die Haustüre treten muß –
Und da liegt schon die Wiese! Die Heuschrecken
springen,
Ein lieblich Getön macht der Fluß.

Dahinter die Berge, nicht hohe, sanft grüne,
Wie sie das Allgäu zu bieten hat.
Die Grashänge glänzen, vom Winde geschliffen,
Metallisch glatt.

Zum Fluß hinab führt der Haselnußpfad,
Ein steiniger, grüner Graben.
Die Nüsse tragen gekräuselte Röckchen,
Wie sie die Ballettmädchen haben.

Das Wasser ist schwarz, mit Kieseln am Grund,
Um den Felsblock dann kocht es weiß,
Und wird wieder friedlich. Dort grasen
Der Ziegenbock und die Geiß.

Der Bock hat Hörner. Schwer schlägt der Geiß
Das Euter gegen das Bein,
Und in dem Euter die seufzende Milch
Möchte gemolken sein.

Die Feder im Gras, die blaue, von wem?
Vom Häher, der waldeinwärts fliegt,
Oder vom Entenerpel, der stolz
Im schwarzweißen Wasser sich wiegt?

Ja, so ist der Sommer, ja, so ist das Haus,
In dem zu sein mich gelüstet,
Um immer am Morgen den Erpel zu sehn,
Der im blauen Golde sich brüstet,

Das finstre Fichtengedränge zu sehn,
Die schweigenden Spuren im Sand –
Und die Forelle, wenns mir gelänge,
Daß ich vertraulich das Richtige sänge,
Schmiegte sich mir in die Hand.

Im Grase

Süße Ruh', süßer Taumel im Gras,
Von des Krautes Arom' umhaucht,
Tiefe Flut, tief, tief trunkne Flut,
Wenn die Wolke am Azure verraucht,
Wenn aufs müde schwimmende Haupt
Süßes Lachen gaukelt herab,
Liebe Stimme säuselt und träuft
Wie die Lindenblüt' auf ein Grab.

Wenn im Busen die Toten dann,
Jede Leiche sich streckt und regt,
Leise, leise den Odem zieht,
Die geschloßne Wimper bewegt,
Tote Lieb', tote Lust, tote Zeit,
All die Schätze, im Schutt verwühlt,
Sich berühren mit schüchternem Klang
Gleich den Glöckchen, vom Winde umspielt.

Stunden, flücht'ger ihr als der Kuß
Eines Strahls auf den trauernden See,
Als des ziehnden Vogels Lied,
Das mir niederperlt aus der Höh',
Als des schillernden Käfers Blitz
Wenn den Sonnenpfad er durcheilt,
Als der flücht'ge Druck einer Hand,
Die zum letzten Male verweilt.

Dennoch, Himmel, immer mir nur
Dieses eine nur: für das Lied
Jedes freien Vogels im Blau
Eine Seele, die mit ihm zieht,
Nur für jeden kärglichen Strahl
Meinen farbig schillernden Saum,
Jeder warmen Hand meinen Druck
Und für jedes Glück einen Traum.

Einen Sommer lang

Zwischen Roggenfeld und Hecken
Führt ein schmaler Gang,
Süßes, seliges Verstecken
Einen Sommer lang.

Wenn wir uns von ferne sehen
Zögert sie den Schritt,
Rupft ein Hälmchen sich im Gehen,
Nimmt ein Blättchen mit.

Hat mit Ähren sich das Mieder
Unschuldig geschmückt,
Sich den Hut verlegen nieder
In die Stirn gerückt.

Finster kommt sie langsam näher,
Färbt sich rot wie Mohn,
Doch ich bin ein feiner Späher,
Kenn die Schelmin schon.

Noch ein Blick in Weg und Weite,
Ruhig liegt die Welt,
Und es hat an ihre Seite
Mich der Sturm gesellt.

Zwischen Roggenfeld und Hecken
Führt ein schmaler Gang,
Süßes, seliges Verstecken
Einen Sommer lang.

Sommer

Dich hab ich unterm Mond geträumt.

Denn die ich liebte, waren hell:
Aus Weizensaat, aus Pumafell
Weht Silber ihren Haaren.
Du saßest in Lupinenau,
Der Kerzen Gelb, der Tropfen Blau,
Mit deinen stillen Augen.

Du schienst ein hagrer roter Mann.

Dein Adlerkopf war schwarz bemähnt
Und starr, wie lang sich Locke strähnt
In westlicher Savanne.
Und Mittag war, und hohes Licht
Schuf edles Erz in dein Gesicht:
Ein Kupfer, tiefes Glimmen.

Zwei schwarze Hähne standen dir

– Doch grünmetallischen Geblinks –
Der eine rechts, der andre links,
Mit stolzen Sichelschweifen.

Das Maiskorn trug mir bloße Hand;
Ich säte schüchtern, ungewandt.
Die scharfen Schnäbel pickten.

Du rücktest nicht, du hobst den Blick

Und hieltest ihn ob einer Welt,
Drin Staubweg und Lupinenfeld,
Auf meinen warmen Nacken.
Da flog ich in dein Mähnennest
Mit meinem Mund und krallt mich fest
Und konnte nicht mehr singen.

Ein Knirschen von eisernen Schuhn ist im
Kirschbaum.
Aus Helmen schäumt dir der Sommer. Der
schwärzliche Kuckuck
malt mit demantenem Sporn sein Bild an die Tore
des Himmels.

Barhaupt ragt aus dem Blattwerk der Reiter.
Im Schild trägt er dämmernd dein Lächeln,
genagelt ans stählerne Schweißtuch des Feindes.
Es ward ihm verheißen der Garten der Träumer,
und Speere hält er bereit, daß die Rose sich ranke …

Unbeschuht aber kommt durch die Luft, der am
meisten dir gleichet:
eiserne Schuhe geschnallt an die schmächtigen Hände,
verschläft er die Schlacht und den Sommer.
Die Kirsche blutet für ihn.

Einsamer nie –

Einsamer nie als im August:
Erfüllungsstunde –, im Gelände
die roten und die goldenen Brände,
doch wo ist deiner Gärten Lust?

Die Seen hell, die Himmel weich,
die Äcker rein und glänzen leise,
doch wo sind Sieg und Siegsbeweise
aus dem von dir vertretenen Reich?

Wo alles sich durch Glück beweist
und tauscht den Blick und tauscht die Ringe
im Weingeruch, im Rausch der Dinge –:
dienst du dem Gegenglück, dem Geist.

Regen

Lauer Regen, Sommerregen
Rauscht von Büschen, rauscht von Bäumen,
Oh, wie gut und voller Segen,
Einmal wieder satt zu träumen!

War so lang im Hellen draußen,
Ungewohnt ist mir dies Wogen:
In der eignen Seele hausen,
Nirgend fremdwärts hingezogen.

Nichts begehr ich, nichts verlang ich,
Summe leise Kindertöne,
Und verwundert heim gelang ich
In der Träume warme Schöne.

Herz, wie bist du wundgerissen,
Und wie selig, blind zu wühlen,
Nicht zu denken, nicht zu wissen,
Nur zu fühlen, nur zu fühlen!

Entwicklung einer Zinnie

Knospe, halb erwacht
In Gewitternacht …
Kern von samtenem Rubin,
Schuppiger Kelch umwindet ihn;
Doch dem Rand entschlüpfen viele
Gelbe Stifte, grüne Stiele,
Und das unvollkommene Rund
Ordnet sich von Stund zu Stund …
Aus den Stielen, aus den Stiften
Scheinen Flügel sich zu lüften,
Blättchen fein wie Faltergold,
Noch zu Hülsen eingerollt,
Jedes Blättchen auserwählt
Und von Elfenhand gezählt, –
Noch ein einziger Tageslauf,
Und die Hülsen tun sich auf,
Sind von Purpur schon durchdrungen,
Glätten sich zu seidnen Zungen,
Und die Zünglein all, die schmalen,
Schlürfen unsichtbare Strahlen,
Blühn sich aus mit Ätherlust
In dem seligen August …

In der Mitte, hold erlesen,
Webt ein Ring von Staubgefäßen
Und umgibt als goldnes Band
Einen neuen Blütenstand.

Komm nun, feierliche Stunde,
Unbegreifliche Sekunde,
Wo der flüchtige Schein
Aufglänzt als das wahre Sein!
Mags nun welken, mags zerstieben, –
Ewig bleibt es eingeschrieben –
Zauberspruch –
In des Vaters Formenbuch.
Unscheinbar und ohne Namen
Tief im Dunkel träumt der Samen.

Juli und August

Juli und August sind so:
aus einem Gehölz
wird ein Brunstbusch
und der Wald schweiget nicht,
knistert tödlich. Und alternativ
wächst es an kühlen Stellen,
völlig dunkel und schön feucht
vor augenblicklicher Stille.
Die stimmt nicht.
Denn still ist nasser Boden,
wo irgendwas rostet, nur,
wenn du die Hand
nicht dazwischen bringst.
Sofort macht sich etwas davon,
das du nicht kennst:
ein geringer Schleier,
der lebt.
Und Juli, August bleiben oben,
weit über Baumkronen,
mit Düsenstreifen als Zirrus
am Horizont überall
und dem Ächzen von Organismen
neben dir,
die fruchtbar sind
und sterben.

Sommerhitze

Der Sommer

Der Himmel wölbt sich nicht – er drückt,
Als ob er flach und steinern wäre.
Weithin die Felder, Ähr' an Ähre,
Stehn unter seiner Last gebückt.

Die Ähren stehen Halm an Halm
So dicht zusammen und geschlossen,
Als ob einheitlich goldgegossen
Ihr Druck die Einzelform zermalm'.

Ein scharfer Strich, der nicht verschwimmt,
Trennt Himmel fern von Erdenfluren;
Wie Lapislazuli azuren
Mit gelbem Gold zusammenstimmt.

Nicht eine Landschaft mehr scheint dies,
Vielmehr ein Kunstwerk, kostbar steinern –
Ein Birkenstämmchen, elfenbeinern,
Ist eingelegt, sein Laub Türkis.

Am goldnen Feldrand vorne lohn,
Werk wunderbarer Juweliere,
Kleine Rubine und Saphire:
Kornblumen blau und roter Mohn!

Ins Himmelsblau sind unbewegt,
Ganz nah der goldnen Kimm der Garben,
Gerundet, weiß und irisfarben,
Perlmutterwolken eingelegt.

Und diese ganze Landschaft ruht –
Zu solchem Kunstwerk, solchem stolzen,
Durch Schöpferhand zusammgeschmolzen
In ihrer eignen Sommerglut.

Heumatt

Eine Atembreite Haar
gescheiterter Berge

Gestern glaubt ich
dem Gras
sein Grün

heute heumatt

Erdklumpen
auf einem Mohnrasen
lieg ich

Ameisen suchen
auf meiner Haut
Halme für ihr Heim

Im Johannisheu

Müßige Gedanken steuern
In die Sümpfe zu den Mummeln,
In die Wiesen zu den Hummeln,
Braten auf heißen Meilensteinen,
Wimmeln wie mit Käferbeinen
Über Borke, Kraut und Farren,
Knarren mit im Rabenknarren
Aus dem Pflaumbaum hinter Scheuern.

Lieben Freunde, laßt mich liegen,
Denn ich weiß nicht in der Eile,
Wo in aller Welt ich weile,
Bin auf einen Baum geraten,
Werd am Meilenstein gebraten;
Kann ich, bei Mummeln ertrunken, wissen,
Daß ich lieg auf Jungheukissen?
Lieben Leute, laßt mich liegen!

sommerlied

wir sind die menschen auf den wiesen
bald sind wir menschen unter den wiesen
und werden wiesen, und werden wald
das wird ein heiterer landaufenthalt

Mörder Sommer

Die Leuchtspurgeschosse
des Nachtigall-Liedes
haben die Fliederdolden
zerfetzt; die Statue des
Frühlings wurde gestürzt.
Nur Wicke schmückt noch
den Sockel; das
abgeschlagene Haupt
ist mit Bahnen
glänzenden Schleims
überzogen: vom
Salzrand des Auges
zehrt noch die Schnecke.

PETER RÜHMKORF

Auf Sommers Grill

Auf dem Grill des Sommers hingebreitet,
sonnen-krosses Laub am Ellenbogen,
und der Himmel wie ein Präser Gottes
über die entflammte Welt gezogen.

Hochgehaucht am fuffzehnten Julei,
blau, das zarte Fell des Absoluten –
mein zerfahrenes Gesicht an deinem ausgeruhten
stimmt im Letzten doch dem Flugsand bei.

Ausgeworfen oder umgehetzt,
halb im Brand und schon im Schlamm des Jahres …
nun, mein Hundeherz, mein wunderbares,
wie's zum Sprung ansetzt!

Zögernd an der westlichen Empore,
– schwenkt der Abend schon sein Chiffon-Tuch –
und hiiinein mit Spruch und Widerspruch
in die ausgelaufne Trikolore!

Wo die Schöpfung schon ins Jenseits überlappt,
abtrimo! und ins Gewölk wie nischt …
Goldener Schaum vorm äsenden Maul des Sommers,
losgeflockt und aus der Welt gewischt.

Einen jener klassischen

schwarzen Tangos in Köln, Ende des
Monats August, da der Sommer schon

ganz verstaubt ist, kurz nach Laden
Schluß aus der offenen Tür einer

dunklen Wirtschaft, die einem
Griechen gehört, hören, ist beinahe

ein Wunder: für einen Moment eine
Überraschung, für einen Moment

Aufatmen, für einen Moment
eine Pause in dieser Straße,

die niemand liebt und atemlos
macht, beim Hindurchgehen. Ich

schrieb das schnell auf, bevor
der Moment in der verfluchten

dunstigen Abgestorbenheit Kölns
wieder erlosch.

der sommer geht

der sommer geht in schuhen aus ton
die zerbrechen wenn keiner sie abends kühlt

so badet der sommer in flüssen den schritt
und kühlt seine schuh

er sagt des jahres strophen nicht mit
und noch einen schritt
auf die sonne zu
dann bersten die schuh

Sommersonate

Täubend duften faule Früchte.
Büsch' und Bäume sonnig klingen,
Schwärme schwarzer Fliegen singen
Auf der braunen Waldeslichte.

In des Tümpels tiefer Bläue
Flammt der Schein von Unkrautbränden.
Hör' aus gelben Blumenwänden
Schwirren jähe Liebesschreie.

Lang sich Schmetterlinge jagen;
Trunken tanzt auf schwülen Matten
Auf dem Thymian mein Schatten.
Hell verzückte Amseln schlagen.

Wolken starre Brüste zeigen,
Und bekränzt von Laub und Beeren
Siehst du unter dunklen Föhren
Grinsend ein Gerippe geigen.

Aus den Steinen bricht der Schweiß,
Schwalben irren sich noch tiefer
und das Wasser glänzt wie Schiefer
um den gelben Sonnenkreis.

Eine Königskerze, fahl,
brennt herab am Weg zum Ufer,
dreimal gellt der Regenrufer
und die Wolken segeln schmal.

Umgeschlagen hat der Wind –;
dort, die Sonne dreht sich gläsern
zu den sauren Grummetgräsern,
die schon halb verhungert sind.

Bald ist nichts mehr, wie es war
gestern um dieselbe Stunde,
nur der Wirbel rinnt die Runde
schwarz und lockend immerdar.

Mittag im August

Irgendwo trottet jetzt der schwarze Eber zur Tränke,
aus den Tümpeln schlürft er die gelbe Sonne,
und die Winde schmecken nach Moor – uralt.

Das Licht ist schwer. Wie lang noch tragen's
die Wälder?
Schon brechen die Wipfel und aus den Kronen prasselt
unaufhörlich der Eichelregen.

Im Felde dengelt der Schlaf die blitzende Sense,
dann rauschen schwere Schwaden. Vor seinem
Schwung
stürzen wir hin mit gebrochnen Gelenken.

Sommermittag

Nun ist es still um Hof und Scheuer,
Und in der Mühle ruht der Stein;
Der Birnenbaum mit blanken Blättern
Steht regungslos im Sonnenschein.

Die Bienen summen so verschlafen;
Und in der offnen Bodenluk,
Benebelt von dem Duft des Heues,
Im grauen Röcklein nickt der Puk.

Der Müller schnarcht und das Gesinde,
Und nur die Tochter wacht im Haus;
Die lachet still und zieht sich heimlich
Fürsichtig die Pantoffeln aus.

Sie geht und weckt den Müllerburschen,
Der kaum den schweren Augen traut:
»Nun küsse mich, verliebter Junge;
Doch sauber, sauber! nicht zu laut.«

Hochsommer

Im Erntemonde, wenn die Halme bleichen
Verstummt der Vögel Sang. Die Erde ruht.
Es wächst die grüne Decke auf den Teichen,
Erstickt die Flut.

Der Brunnenschale Wasser geht zur Neige,
Der Efeu streckt die kleine Totenhand
Im Garten schlingen Ranken sich und Zweige
Zu finstrer Wand.

Die roten Beeren schimmern aus dem Laube
Es tritt der Fremde in den Garten ein
Zerpreßt die leuchtende Johannistraube
Wie Blut und Wein.

Es dämmert in der Schluchten matter Wärme
Auf faulem Teich ein Regenbogenglanz,
Bei Schilf und Lattich heben Fliegenschwärme
Sich hoch im Tanz.

Die Zeit ist kurz. Die Liebenden umgreifen
Sich jäh in wilden Ängsten, dumpf und blind.
Nah ist der Herbst. Die Frucht will reifen, reifen,
Es ruht der Wind.

Sommernächte

Sommerabende, ihr lauen,
Bettet mich auf eure Kissen,
Laßt in Fernen, dunkelblauen,
Meiner Träume Wimpel hissen.

Stunden, die am Tag sich placken,
Feiern nächtlich froh verwegen,
Und ich fühl um meinen Nacken
Zärtlich sich zwei Arme legen.

Ist die Seele liebeswund?
Heißren Atem haucht der Flieder,
Und der rote Himmelsmund
Neigt sich üppig zu mir nieder.

Sommerabend

Die große Sonne ist versprüht,
der Sommerabend liegt im Fieber,
und seine heiße Wange glüht.
Jach seufzt er auf: »Ich möchte lieber …«
Und wieder dann: »Ich bin so müd …«

Die Büsche beten Litanein,
Glühwürmchen hangt, das regungslose,
dort wie ein ewiges Licht hinein;
und eine kleine weiße Rose
trägt einen roten Heiligenschein.

wie sind die sommerabende doch schoen
& voller trauer
das faßt den deutschen an
wie leichten schauer

& milde in den lueften
ueber driften
meilenweit
tanzt eine muecke
surrt sein leid

dieweil er sich an haenden faßt
& stoehnet unter geisteslast
& schwaeche
das ungeheuer

Von heißer Lebenslust entglüht,
Hab ich das Sommerland durchstreift;
Drob ist der Tag schön abgeblüht
Und zu der schönsten Nacht gereift.
Ich trete auf des Berges Rücken
Einsam ins offne Waldestor
Und beuge mich mit trunknen Blicken
Hoch in die stille Landschaft vor.

Am andern Hügel drüben steht
Im Sternenschein das liebe Haus;
Aus seinem offnen Fenster weht
Ein Vorhang in die Nacht hinaus.
Das ist fürwahr ein luftig Gitter,
Das mir mein Fräulein dort verschließt!
Nur schade, daß mir armem Ritter
Der Talstrom noch dazwischen fließt!

Zieh du für mich, mein leichter Sang,
Hinüber an der Liebsten Brust!
Vielleicht trägt ihr dein ferner Klang
Zu Herzen meine Dichterlust!
Ja, ich will ihr ein Ständchen bringen,
Das weithin durch die Lüfte schallt:
So spiele du zu meinem Singen,
O Sommernacht, auf Tal und Wald!

Dein Saitenspiel im Tale liegt,
Die feinen Silberbrünnlein all;
Den Tann, der auf den Höhn sich wiegt,
Laß rauschen drein, wie Orgelschall!
Das Elfensummen und das Kosen,
Das schwellend alle Kelche regt,
Vereine mit des Stromes Tosen,
Der seine Wogen talwärts trägt!

Im Süden zieht ein Wetter auf,
Schnell werb ichs für mein Ständchen an;
Doch nehm es fernhin seinen Lauf,
Daß ich es übertönen kann!
Die Mühlen sind die Hackbrettschläger
Zuhinterst in des Tales Grund,
Die Sterne meine Fackelträger,
Sie leuchten mir im weiten Rund!

Nun will ich singen überlaut
Vor allem Land, das grünt und blüht!
Es ist kein Baum so hoch gebaut,
Darüberhin mein Sang nicht zieht;
Will eine Liederbrücke schlagen
Aus meiner Brust in ihre Brust:
Herz! wandle drauf, bis es will tagen,
Und wecke sie zu gleicher Lust!

Die Sommernacht

Wenn der Schimmer von dem Monde nun herab
In die Wälder sich ergießt, und Gerüche
Mit den Düften von der Linde
In den Kühlungen wehn;

So umschatten mich Gedanken an das Grab
Der Geliebten, und ich seh in dem Walde
Nur es dämmern, und es weht mir
Von der Blüthe nicht her.

Ich genoß einst, o ihr Todten, es mit euch!
Wie umwehten uns der Duft und die Kühlung,
Wie verschönt warst von dem Monde,
Du o schöne Natur!

Hochsommernacht

Es ist schon etwas, so zu liegen,
im Aug der Allnacht bunten Plan,
so durch den Weltraum hinzufliegen
auf seiner Erde dunklem Kahn!

Die Grillen eifern mit den Quellen,
die murmelnd durch die Matten ziehn;
und droben wandern die Gesellen
in unerhörten Harmonien.

Und neben sich ein Kind zu spüren,
das sich an deine Schulter drängt,
und ihr im Kuß das Haar zu rühren,
das über hundert Sterne hängt ...

Es ist schon etwas, so zu reisen
im Angesicht der Ewigkeit,
auf seinem Wandler hinzukreisen,
so unaussprechlich Eins zu Zweit ...

Sommernacht

Tropfen sinken, die Luft ist bang.
Noch geht kein Wind.
Ein Trunkener singt die Straße entlang.
Sein Lied ist irr und schwach wie ein Kind.

Nun schweigt er ganz:
Der Himmel zerreißt
Und grell im blauweißen Glanz
Der Blitze die Straße gleißt.

Wie Getrabe von weißen Rossen
Rauscht Regen heran.
Alles Licht erlosch, alle Form zerrann,
Stürzende Wogen halten mich eingeschlossen.

Es riecht nach Weltenuntergang
viel stärker als nach Obst und Korn,
der Vogel, der am Mittag sang,
dreht jetzt sein Opfer auf den Dorn,
ergreifend flach und ohne Schein
schiebt sich der Mond herein.

Hochsommernacht und so voll Frost!
Das Windrad geht verzweifelt um,
die Sterne scheinen nicht bei Trost,
denn jeder dreht sich wild herum,
bevor er zuckend untergeht
wie eben mein Gebet.

War das der zwölfte Stundenschlag
und mittendrin ein Hahnenschrei?
Es klang so nach dem Jüngsten Tag –
mein Herz tanzt jetzt als hohles Ei
vor meinem eigenen Gesicht,
und das ist das Gericht.

Die Vorstadt

In ihrem Viertel, in dem Gassenkot,
Wo sich der große Mond durch Dünste drängt,
Und sinkend an dem niedern Himmel hängt,
Ein ungeheurer Schädel, weiß und tot,

Da sitzen sie die warme Sommernacht
Vor ihrer Höhlen schwarzer Unterwelt,
Im Lumpenzeuge, das vor Staub zerfällt
Und aufgeblähte Leiber sehen macht.

Hier klafft ein Maul, das zahnlos auf sich reißt.
Hier hebt sich zweier Arme schwarzer Stumpf.
Ein Irrer lallt die hohlen Lieder dumpf,
Wo hockt ein Greis, des Schädel Aussatz weißt.

Es spielen Kinder, denen früh man brach
Die Gliederchen. Sie springen an den Krücken
Wie Flöhe weit und humpeln voll Entzücken
Um einen Pfennig einem Fremden nach.

Aus einem Keller kommt ein Fischgeruch,
Wo Bettler starren auf die Gräten böse.
Sie füttern einen Blinden mit Gekröse.
Er speit es auf das schwarze Hemdentuch.

Bei alten Weibern löschen ihre Lust
Die Greise unten, trüb im Lampenschimmer,
Aus morschen Wiegen schallt das Schreien immer
Der magren Kinder nach der welken Brust.

Ein Blinder dreht auf schwarzem, großem Bette
Den Leierkasten zu der Carmagnole,
Die tanzt ein Lahmer mit verbundener Sohle.
Hell klappert in der Hand die Kastagnette.

Uraltes Volk schwankt aus den tiefen Löchern,
An ihre Stirn Laternen vorgebunden.
Bergmännern gleich, die alten Vagabunden.
Um einen Stock die Hände, dürr und knöchern.

Auf Morgen geht's. Die hellen Glöckchen wimmern
Zur Armesündermette durch die Nacht.
Ein Tor geht auf. In seinem Dunkel schimmern
Eunuchenköpfe, faltig und verwacht.

Vor steilen Stufen schwankt des Wirtes Fahne,
Ein Totenkopf mit zwei gekreuzten Knochen.
Man sieht die Schläfer ruhn, wo sie gebrochen
Um sich herum die höllischen Arkane.

Am Mauertor, in Krüppeleitelkeit
Bläht sich ein Zwerg in rotem Seidenrocke,
Er schaut hinauf zur grünen Himmelsglocke,
Wo lautlos ziehn die Meteore weit.

Sommersneige

Sommerbild

Ich sah des Sommers letzte Rose stehn,
Sie war, als ob sie bluten könne, rot;
Da sprach ich schaudernd im Vorübergehn:
So weit im Leben, ist zu nah am Tod!

Es regte sich kein Hauch am heißen Tag,
Nur leise strich ein weißer Schmetterling;
Doch, ob auch kaum die Luft sein Flügelschlag
Bewegte, sie empfand es und verging.

Fülle der Zeit

Des Sommers Mitte, halb schon überschritten,
Umspannt das Land mit Bögen seiner Pracht,
Durch die Augustus donnernd eingeritten –
Sternschnuppenschwärme folgten ihm zur Nacht –

Und all die frühen Früchte sind geerntet,
Das Korn geschnitten und das Gras gemäht.
Die Blumen, die ihr frühlings nennen lerntet,
Sind längst verweht und welkend ausgesät.

Hat je ein Duft wie Abendphlox geduftet?
Blaut' je ein Tag so tief wie Eisenhut?
Sind nun die Sinne wurzelhaft entgruftet
Und trinken, vollmondgleich, aus reifster Flut?

Erfüllte Zeit! Wir opfern deiner Fülle,
Die uns mit Nächten ohne Stern umschwarzt.
Doch bald macht uns des Herbstes große Stille
Um so viel reicher, als du ärmer wardst.

Spätsommer

Die Farben der Anemonen
werden bleich

Mach dir nichts vor
es geht zu Ende

Unsichtbare Raubtiere
schleichen
um deine Lebenslust

Angst durchbohrt
deinen Sommertraum

Bald
blühen Eisblumen

Erfinde
ein Apfellied

Sommersneige

Der grüne Sommer ist so leise
Geworden, dein kristallenes Antlitz.
Am Abendweiher starben die Blumen,
Ein erschrockener Amselruf.

Vergebliche Hoffnung des Lebens. Schon rüstet
Zur Reise sich die Schwalbe im Haus
Und die Sonne versinkt am Hügel;
Schon winkt zur Sternenreise die Nacht.

Stille der Dörfer; es tönen rings
Die verlassenen Wälder. Herz,
Neige dich nun liebender
Über die ruhige Schläferin.

Der grüne Sommer ist so leise
Geworden und es läutet der Schritt
Des Fremdlings durch die silberne Nacht.
Gedächte ein blaues Wild seines Pfads,

Des Wohllauts seiner geistlichen Jahre!

Die große Fracht

Die große Fracht des Sommers ist verladen,
das Sonnenschiff im Hafen liegt bereit,
wenn hinter dir die Möwe stürzt und schreit.
Die große Fracht des Sommers ist verladen.

Das Sonnenschiff im Hafen liegt bereit,
und auf die Lippen der Galionsfiguren
tritt unverhüllt das Lächeln der Lemuren.
Das Sonnenschiff im Hafen liegt bereit.

Wenn hinter dir die Möwe stürzt und schreit,
kommt aus dem Westen der Befehl zu sinken;
doch offnen Augs wirst du im Licht ertrinken,
wenn hinter dir die Möwe stürzt und schreit.

Erinnerung an die Marie A.

1

An jenem Tag im blauen Mond September
Still unter einem jungen Pflaumenbaum
Da hielt ich sie, die stille bleiche Liebe
In meinem Arm wie einen holden Traum.
Und über uns im schönen Sommerhimmel
War eine Wolke, die ich lange sah
Sie war sehr weiß und ungeheuer oben
Und als ich aufsah, war sie nimmer da.

2

Seit jenem Tag sind viele, viele Monde
Geschwommen still hinunter und vorbei
Die Pflaumenbäume sind wohl abgehauen
Und fragst du mich, was mit der Liebe sei?
So sag ich dir: Ich kann mich nicht erinnern.
Und doch, gewiß, ich weiß schon, was du meinst
Doch ihr Gesicht, das weiß ich wirklich nimmer
Ich weiß nur mehr: Ich küßte es dereinst.

3

Und auch den Kuß, ich hätt ihn längst vergessen
Wenn nicht die Wolke da gewesen wär
Die weiß ich noch und werd ich immer wissen
Sie war sehr weiß und kam von oben her.
Die Pflaumenbäume blühn vielleicht noch immer
Und jene Frau hat jetzt vielleicht das siebte Kind
Doch jene Wolke blühte nur Minuten
Und als ich aufsah, schwand sie schon im Wind.

Spätsommer

Noch schenkt der späte Sommer Tag um Tag
Voll süßer Wärme. Über Blumendolden
Schwebt da und dort mit müdem Flügelschlag
Ein Schmetterling und funkelt sammetgolden.

Die Abende und Morgen atmen feucht
Von dünnen Nebeln, deren Naß noch lau.
Vom Maulbeerbaum mit plötzlichem Geleucht
Weht gelb und groß ein Blatt ins sanfte Blau.

Eidechse rastet auf besonntem Stein,
Im Blätterschatten Trauben sich verstecken.
Bezaubert scheint die Welt, gebannt zu sein
In Schlaf, in Traum, und warnt dich, sie zu wecken.

So wiegt sich manchmal viele Takte lang
Musik, zu goldener Ewigkeit erstarrt,
Bis sie erwachend sich dem Bann entrang
Zurück zu Werdemut und Gegenwart.

Wir Alten stehen erntend am Spalier
Und wärmen uns die sommerbraunen Hände.
Noch lacht der Tag, noch ist er nicht zu Ende,
Noch hält und schmeichelt uns das Heut und Hier.

Ende eines Sommers

Wer möchte leben ohne den Trost der Bäume!

Wie gut, daß sie am Sterben teilhaben!
Die Pfirsiche sind geerntet, die Pflaumen färben sich,
während unter dem Brückenbogen die Zeit rauscht.

Dem Vogelzug vertraue ich meine Verzweiflung an.
Er mißt seinen Teil von Ewigkeit gelassen ab.
Seine Strecken
werden sichtbar im Blattwerk als dunkler Zwang,
die Bewegung der Flügel färbt die Früchte.

Es heißt Geduld haben.
Bald wird die Vogelschrift entsiegelt,
unter der Zunge ist der Pfennig zu schmecken.

Vorm Springbrunnenstrahl

Der Sommer brennt nicht mehr auf meine Haut,
Ich habe viel zu lang in die Ferne geschaut,
Daß mich das nächste Gartenbeet nicht mehr kennt,
Und mich der alte Buchsbaum schon Fremdling nennt.
Wie der Strahl des Springbrunnens sprang ich einmal
Hinein in den luftblauen Sommersaal.
Und fiel zurück und sprang von neuem auf gut Glück,
Wie ein springender Baum in der Bäume Zahl;
Und sprang doch nur täglich dasselbe Stück,
Wie der Springbrunnenstrahl, immer hoch und
zurück.
Ich stehe noch immer am selben Teich,
Ringsum sommert dunkel das Blätterreich.
Viele Sommer streiften ab ihre grünen Häute;
Doch der Springbrunnen tanzt noch für die
gaffenden Leute,
Und die gelben Fische schwimmen noch ihren
Schatten nach
Und wedeln drunten in ihrem glashellen Gemach.
Mir ist, ich stehe seit meiner ersten Lebensstund'
Hier am durchsichtigen Teich und sehe zum Grund,
Bald zur Höhe ins Kahle, und bald in die flache
Wasserschale;

Indessen mein Blut verbraust, gleich dem scharfen Strahle,
Der aus der Erde saust und sich losreißt als ein schäumender Geist,
Und dem doch nie gelingt, daß er vom Platz fortspringt;
Der seinen Satz hinsingt mit neuem Munde, immer wieder heftig und kurz,
Und nichts der Höhe abringt, als jede Sekunde seinen eigenen Sturz.

Tag, der den Sommer endet

Tag, der den Sommer endet,
Herz, dem das Zeichen fiel:
die Flammen sind versendet,
die Fluten und das Spiel.

Die Bilder werden blasser,
entrücken sich der Zeit,
wohl spiegelt sie noch ein Wasser,
doch auch dies Wasser ist weit.

Du hast eine Schlacht erfahren,
trägst noch ihr Stürmen, ihr Fliehn,
indessen die Schwärme, die Scharen,
die Heere weiter ziehn.

Rosen und Waffenspanner,
Pfeile und Flammen weit –:
die Zeichen sinken, die Banner –:
Unwiederbringlichkeit.

Sibylle des Sommers

September schleudert die Wabe des Lichts
Weit über die felsigen Gärten aus.
Noch will die Sibylle des Sommers nicht sterben.
Den Fuß im Nebel und starren Gesichts
Bewacht sie das Feuer im laubigen Haus,
Wo Mandelschalen als Urnenscherben
Zersplittert im harten Weggras liegen.
Das Schilfblatt neigt sich, das Wasser zu kerben.
Die Spinnen reisen, die Fäden fliegen.
Noch will die Sibylle des Sommers nicht sterben.
Sie knotet ihr Haar in den Bäumen fest.
Die Feige leuchtet in klaffender Fäule.
Und weiß und rund wie das Ei der Eule
Glänzt abends der Mond im dünnen Geäst.

Bohnen und Birnen

Bevor die grünen Dotter welken, –
die Hennen brüten einen frühen Herbst, –
jetzt gleich, bevor die Scherenschleifer
den Mond mit hartem Daumen prüfen,
der Sommer hängt noch an drei Fäden,
den Frost verschließt ein Medaillon,
noch eh der Schmuck, verwandt dem Regen wandert,
noch eh die Hälse nackt, vom Nebel halb begriffen,
bevor die Feuerwehr die Astern löscht
und Spinnen in die Gläser fallen,
um so der Zugluft zu entgehen,
vorher, bevor wir uns verkleiden,
in ärmliche Romane wickeln,
laßt uns noch grüne Bohnen brechen.
Mit gelben Birnen, einer Nelke,
mit Hammelfleisch laßt uns die grünen Bohnen,
mit schwarzer Nelke und mit gelben Birnen,
so wollen wir die grünen Bohnen essen,
mit Hammelfleisch mit Nelke und mit Birnen.

Hilfreicher Nachsatz

Wie sich das Galgenkind die Monatsnamen merkt

Jaguar
Zebra
Nerz
Mandrill
Maikäfer
Ponny
Muli
Auerochs
Wespenbär
Locktauber
Robbenbär
Zehenbär.

Verzeichnis der Autoren, Gedichte und Druckvorlagen

ANONYM

19 Das Sommertagslied

Des Knaben Wunderhorn. Alte deutsche Lieder gesammelt von Achim von Arnim und Clemens Brentano. Krit. Ausg. Hrsg. und komm. von Heinz Röllecke. Bd. 3. Stuttgart: Reclam, 1987. (Universal-Bibliothek. 1252.) S. 262 f. – [Die Orthographie wurde modernisiert.]

H[ANS] C[ARL] ARTMANN (1921–2000)

22 *ich hör den tosbach rauschen*

H. C. A.: Aus meiner Botanisiertrommel. Balladen und Naturgedichte. Salzburg/Wien: Residenz Verlag, 1984. S. 25 f. – © 1975 Residenz Verlag GmbH, Salzburg.

ROSE AUSLÄNDER (1907–1988)

47 (1) Heumatt

79 (2) Spätsommer

R. A.: Gesammelte Werke in sieben Bänden. Hrsg. von Helmut Braun. [Bd. 5:] Ich höre das Herz des Oleanders. Gedichte 1977–1979. Frankfurt a. M.: S. Fischer, 1984. S. 182 (1), S. 258 (2). – © 1984 S. Fischer Verlag GmbH, Frankfurt am Main.

INGEBORG BACHMANN (1926–1973)

81 Die große Fracht

I. B.: Werke. Hrsg. von Christine Koschel, Inge von Weidenbaum und Clemens Münster. Bd. 1: Gedichte. Hörspiele. Libretti. Übersetzungen. München/Zürich: Piper, 1993 [u. ö.]. S. 34. – © 1978 Piper Verlag GmbH, München.

HUGO BALL (1886–1927)

24 Die Sonne

Die Aktion 4 (1914) Nr. 22. Sp. 478f.

GOTTFRIED BENN (1886–1956)

37 (1) Einsamer nie –

88 (2) Tag, der den Sommer endet

G.B.: Statische Gedichte. Hrsg. von Paul Raabe. Zürich: Arche Verlag, 1983 [u.ö.]. S. 59 (1) und 26 (2). – © 1948, 2006 Arche Verlag AG, Zürich-Hamburg.

URIEL BIRNBAUM (1894–1956)

45 Der Sommer

U.B.: Eine Auswahl. Gedichte. Mit 24 Zeichnungen des Verfassers. Amsterdam: Erasmus, 1957. S. 6f. – © 1957 Erasmus Boekhandel, Amsterdam.

BERTOLT BRECHT (1898–1956)

82 Erinnerung an die Marie A.

B.B.: Große kommentierte Berliner und Frankfurter Ausgabe. Hrsg. von Werner Hecht, Jan Knopf, Werner Mittenzwei und Klaus-Detlef Müller. Bd. 11: Gedichte I. Sammlungen 1918–1938. Bearb. von Jan Knopf und Gabriele Knopf. Berlin/Weimar: Aufbau-Verlag; Frankfurt a.M.: Suhrkamp, 1988. S. 92f. – © Bertolt-Brecht-Erben / Suhrkamp Verlag 1988.

ROLF DIETER BRINKMANN (1940–1975)

52 Einen jener klassischen

R.D.B.: Westwärts 1 & 2. Gedichte. Mit Fotos und Anmerkungen des Autors. Erweiterte Neuausgabe. Reinbek bei Hamburg: Rowohlt, 1999. S. 25. – © 2005 Rowohlt Verlag GmbH, Hamburg.

GEORG BRITTING (1891–1964)

28 Der Mann in der Stadt sagt
G. B.: Sämtliche Werke in 23 Bdn. Bd. 6: Der unverstörte Kalender. Hrsg. von Ingeborg Schuldt-Britting. Höhenmoos: Verlag Georg-Britting-Stiftung, 2012. S. 54. – © 2012 Georg-Britting-Stiftung, Höhenmoos.

CHRISTINE BUSTA (d. i. CHRISTINE DIMT, 1915–1987)

56 Mittag im August
Ch. B.: Der Regenbaum. Gedichte. Salzburg/Wien: Müller, 1995 [u. ö.]. S. 83. – © Otto Müller Verlag, Salzburg, 2. Auflage 1995.

HANS CAROSSA (1878–1956)

39 Entwicklung einer Zinnie
H. C.: Sämtliche Werke. Bd. 1. Frankfurt a. M.: Insel, 1962. S. 94 f. – Mit Genehmigung der Hans-Carossa-Erben, Passau.

PAUL CELAN (d. i. PAUL ANTSCHEL, 1920–1970)

36 *Ein Knirschen von eisernen Schuhn ist im Kirschbaum*
P. C.: Mohn und Gedächtnis. Stuttgart: Deutsche Verlags-Anstalt, 1952. S. 20. – © 1952 Deutsche Verlags-Anstalt, München, in der Penguin Random House Verlagsgruppe GmbH.

MAX DAUTHENDEY (1867–1918)

86 Vorm Springbrunnenstrahl
M. D.: Gesammelte Gedichte und kleinere Versdichtungen. Dünndruckausgabe in einem Band. München: Langen, 1930. S. 396 f.

ANNETTE VON DROSTE-HÜLSHOFF (1797–1848)

30 Im Grase

A. v. D.-H.: Sämtliche Werke in zwei Bänden. Nach dem Text der Originaldrucke und der Handschriften. Hrsg. von Günther Weydt und Winfried Woesler. Textredaktion Winfried Woesler. Bd. 1. München: Winkler, 1973. S. 118 f.

GÜNTER EICH (1907–1972)

85 Ende eines Sommers

G. E.: Gesammelte Werke. Hrsg. vom Suhrkamp Verlag in Verb. mit Ilse Aichinger und unter Mitw. von Susanne Müller-Hanpft [u. a.]. Bd. 1: Die Gedichte. Die Maulwürfe. Hrsg. von Horst Ohde [Die Gedichte] und Susanne Müller-Hanpft [Die Maulwürfe]. Frankfurt a. M.: Suhrkamp, 1973. S. 79. –

EUGEN GOMRINGER (geb. 1925)

11 es – immer wieder gelingt es

E. G.: Gesamtwerk. Bd. 1: vom rand nach innen. Die Konstellationen 1951–1995. Wien: Edition Splitter, 1995. S. 380. –

GÜNTER GRASS (1927–2015)

90 Bohnen und Birnen

G. G.: Werkausgabe in zehn Bänden. Hrsg. von Volker Neuhaus. Bd. 1: Gedichte und Kurzprosa. Hrsg. von Anita Overwien-Neuhaus und Volker Neuhaus. Darmstadt/Neuwied: Luchterhand, 1987. S. 12. –

PETER HÄRTLING (1933–2017)

53 der sommer geht

P. H.: Gesammelte Werke. Bd. 8: Gedichte. Hrsg. von Klaus Siblewski. Köln: Kiepenheuer & Witsch, 1999. S. 106. –

FRIEDRICH HEBBEL (1813–1863)

77 Sommerbild

F. H.: Werke. Nach der historisch-kritischen Ausgabe von R. M. Werner systematisch geordnet von Benno von Wiese. Bd. 1: Gedichte. Leipzig: Bibliographisches Institut, 1941. S. 89.

HERMANN HESSE (1877–1962)

38 (1) Regen
70 (2) Sommernacht
84 (3) Spätsommer

H. H.: Gesammelte Werke. Bd. 1: Stufen. Die späten Gedichte. Frühe Prosa. Peter Camenzind. Frankfurt a. M.: Suhrkamp, 1982. S. 59 (1), 33 (2) und 118 (3). –

GEORG HEYM (1877–1912)

72 Die Vorstadt

G. H.: Dichtungen und Schriften. Gesamtausgabe. Bd. 1: Lyrik. Hrsg. von Karl Ludwig Schneider. Hamburg: Ellermann, 1965. S. 133 f.

AUGUST HEINRICH HOFFMANN (gen.) VON FALLERSLEBEN (1798–1874)

21 Wie freu' ich mich der Sommerwonne!
A. H. H. v. F.: Ausgewählte Werke in vier Bänden. Hrsg. und mit Einl. vers. von Hans Benzmann. Bd. 1: Einleitung des Herausgebers. Lyrische Gedichte. Leipzig: Hesse, [1905]. S. 40.

PETER HUCHEL (1903–1981)

89 Sibylle des Sommers
P. H.: Gesammelte Werke in zwei Bänden. Bd. 1: Die Gedichte. Frankfurt a. M.: Suhrkamp, 1984. – © Suhrkamp Verlag, Frankfurt am Main 1984. Alle Rechte bei und vorbehalten durch Suhrkamp Verlag, Berlin.

ERNST JANDL (1925–2000)

49 sommerlied
E. J.: poetische werke. Bd. 5: dingfest. verstreute gedichte 4. Hrsg. von Klaus Siblewski. München: Luchterhand Literaturverlag, 1997. S. 51. – © 1997 Luchterhand Literaturverlag GmbH, München in der Penguin Random House Verlagsgruppe GmbH.

MARIE LUISE KASCHNITZ (1901–1974)

58 Hochsommer
M. L. K.: Überallnie. Ausgewählte Gedichte 1928-1965. Mit einem Nachwort von Karl Krolow. [o. O.]: Claassen, 1998. S. 22. – Mit Genehmigung der MLK Erbengemeinschaft München.

NORBERT C. KASER (1947–1978)

65 *wie sind die sommerabende*

N. C. K.: Gesammelte Werke. In Verb. mit dem Forschungsinstitut Brenner-Archiv an der Universität Innsbruck hrsg. von Hans Haider [u. a.]. Bd. 1: Gedichte. Bearb. von Sigurd Paul Scheichl unter Mitarb. von Robert Huez. Innsbruck: Haymon, 1988. S. 375. –

GOTTFRIED KELLER (1819–1890)

66 *Von heißer Lebenslust entglüht*

G. K.: Sämtliche Werke und ausgewählte Briefe. Bd. 3. Hrsg. von Clemens Heselhaus. München: Hanser, 1972 [u. ö.]. S. 93f.

KLABUND (d. i. ALFRED HENSCHKE, 1890–1928)

63 *Sommerabende, ihr lauen*

K.: Der himmlische Vagant. Ein lyrisches Porträt des François Villon. München: Roland-Verlag, 1919. S. 11.

FRIEDRICH GOTTLIEB KLOPSTOCK (1724–1803)

68 Die Sommernacht

F. G. K.: Oden. Ausw. und Nachw. von Karl Ludwig Schneider. Stuttgart: Reclam, 1966 [u. ö.]. S. 76.

GERTRUD KOLMAR
(d. i. GERTRUD CHODZIESNER, 1894–1943)

34 Sommer

G. K.: Das lyrische Werk. München: Kösel, 1960. S. 171 f.

KARL KROLOW (1915–1999)

41 Juli und August

K. K.: Als es soweit war. Gedichte. Frankfurt a. M.: Suhrkamp, 1988. S. 14. –

 Main. Alle Rechte bei und vorbehalten durch Suhrkamp Verlag, Berlin.

CHRISTINE LAVANT (d.i. CHRISTINE HABERNIG, 1915–1973)
55 (1) *Aus den Steinen bricht der Schweiß*
71 (2) *Es riecht nach Weltenuntergang*
Ch. L.: Zu Lebzeiten veröffentlichte Gedichte. Hrsg. und mit einem Nachw. von Doris Moser und Fabjan Hafner. – © Wallstein Verlag, Göttingen 2014.

DETLEV VON LILIENCRON (1844–1909)
32 Einen Sommer lang
D. v. L.: Werke. Hrsg. von Benno von Wiese. Bd. 1: Gedichte. Epos. Frankfurt a. M.: Insel, 1977. S. 55.

OSKAR LOERKE (1884–1941)
48 Im Johannisheu
O. L.: Die Gedichte. Hrsg. von Peter Suhrkamp. Neu durchges. von Reinhard Tgahrt. Frankfurt a. M.: Suhrkamp, 1984. (suhrkamp taschenbuch. 1049.) S. 42.

FRIEDERIKE MAYRÖCKER (1924–2021)
15 Kindersommer
F. M.: Ausgewählte Gedichte. 1944–1978. Frankfurt a. M.: Suhrkamp, 1986. (suhrkamp taschenbuch. 1302.) S. 11 f. – © 1979 Suhrkamp Verlag, Frankfurt am Main. Alle Rechte bei und vorbehalten durch Suhrkamp Verlag, Berlin.

CHRISTIAN MORGENSTERN (1871–1914)
69 (1) Hochsommernacht
93 (2) Wie sich das Galgenkind die Monatsnamen merkt
(1) Ch. M.: Ich und Du. Sonette. Ritornelle. Lieder. München: Piper, 1919 [u. ö.]. S. 60.

(2) Ch. M.: Alle Galgenlieder. Galgenlieder. Palmström. Palma Kunkel. Der Gingganz. Nachw. von Jürgen Walter. Stuttgart: Reclam, 1989 [u. ö.]. S. 76.

RAINER MARIA RILKE (1875–1926)

64 Sommerabend

R. M. R.: Sämtliche Werke. Hrsg. vom Rilke-Archiv. In Verb. mit Ruth Sieber-Rilke bes. durch Ernst Zinn. Bd. 1: Gedichte. Erster Teil. Wiesbaden: Insel, 1955. S. 43 f.

JOACHIM RINGELNATZ (1883–1934)

27 Sommerfrische

J. R.: Sämtliche Gedichte. Zürich: Diogenes, 1997. S. 479 f.

FRIEDRICH RÜCKERT (1788–1866)

17 Kinderlied von den grünen Sommervögeln

F. R.: Gedichte. Hrsg. von Walter Schmitz. Stuttgart: Reclam, 1998 [u. ö.]. (Universal-Bibliothek. 3672.) S. 124 f.

PETER RÜHMKORF (1929–2008)

51 Auf Sommers Grill

P. R.: Gesammelte Gedichte – Werke 1. Reinbek bei Hamburg: Rowohlt, 2000. S. 15. –

WOLFDIETRICH SCHNURRE (1920–1989)

50 Mörder Sommer

W. Sch.: Das bleibt. Deutsche Gedichte 1945–1995. Hrsg. und mit einem Nachw. vers. von Jörg Drews. Leipzig: Reclam, 1995. (Reclam-Bibliothek Leipzig. 1532.) S. 209. –

 THEODOR STORM (1817–1888)

57 Sommermittag

Th. St.: Gedichte. Auswahl. Hrsg. von Gunter Grimm. Stuttgart: Reclam, 1978 [u. ö.]. (Universal-Bibliothek. 6080.) S. 25.

GEORG TRAKL (1887–1914)

54 (1) Sommersonate
80 (2) Sommersneige

G. T.: Werke. Entwürfe. Briefe. Hrsg. von Hans-Georg Kemper und Frank Rainer Max. Nachw. und Bibliogr. von Hans-Georg Kemper. Stuttgart: Reclam, 1984 [u. ö.]. (Universal-Bibliothek. 8251.) S. 134 f. (1) und 84 f. (2).

CARL ZUCKMAYER (1896–1977)

78 Fülle der Zeit

C. Z.: Abschied und Wiederkehr. Gedichte 1917–1976. Frankfurt a. M.: Fischer Taschenbuch Verlag, 1997. (Gesammelte Werke in Einzelbänden. Hrsg. von Knut Beck und Maria Guttenbrunner-Zuckmayer. Fischer Taschenbuch. 12714.) S. 116. – Mit Genehmigung der S. Fischer Verlag GmbH, Frankfurt am Main.